かわいい！がいっぱい

100円ショップではじめての手芸

③ 布でつくる

ポプラ社

この本の見方

最初はかんたんな作品から
チャレンジしてみてもいいね！

1 おおよその作業時間をしめしているよ。

2 むずかしさのレベルだよ。★は初級、★★は中級、★★★は上級。

3 作り方の補足や注意するポイントを説明しているよ。

4 作品に使う材料や道具を参考に、自分の好きな色の材料や使いやすい道具などを選んでね。

5 かんたんにできるアレンジのアイデアを紹介しているよ。

※1 作業時間には、布を切る時間や接着剤をかわかす時間はふくまれていません。
※2 材料や道具は2024年6月時点の商品です。購入時期や商品により、100円ショップでは取りあつかいが終了している場合があります。

もくじ

おもな材料と道具	4
基本のぬい方	6
材料や道具の使い方	8
ししゅうリボンのバレッタ	10
てぬぐいコースター	12
動物のハンカチ	14
アレンジでへんしん! クマ・ネコ・ヒヨコ	17
ウサギのチャーム	18
アレンジでへんしん! おしゃれウサギのチャーム	20
ウサ耳ポシェット	22
アレンジでへんしん! レースつきウサ耳ポシェット	25
かいじゅうのペンケース	26
クマのきんちゃく	30
型紙	34

おもな材料と道具

この本で使うものを紹介するね。100円ショップや手芸用品店などでそろえられるよ!

買いに行く前に家にあるかどうか確認してね。

●布
さまざまな素材や織り方のものがある。写真はシーチング生地とフェルト。フェルトも布の一種で、あんだり、織ったりせず、羊毛などの繊維をシート状にしている。色や大きさはいろいろ。あらえるものもある。

> ハンカチなどせんたくするものは、あらえるフェルトを使うよ!

シーチング生地

フェルト

●糸
手ぬい糸とししゅう糸を使う。ししゅう糸は6本の糸をより合わせたもの。

> 糸はぬったところが目立たないよう、布の色に近いものを選ぶよ。

●針
手ぬい針とししゅう針を使う。ししゅう針は針の穴が大きい。

手ぬい針 / ししゅう針

> 針はあらかじめ本数を数えて、使用後にも本数を確認してね。

●接着剤
布用接着剤を使う。かわくと、とうめいになるもの、せんたくできるもの、すばやくかわくものなどいろいろな種類がある。

●はさみ
紙を切るふつうのはさみと、布を切るたちばさみ、糸を切る糸切りばさみを使う。

たちばさみ / 糸切りばさみ

●定規
布のサイズをはかったり、印をつける位置をはかったりするときに使う。

> とうめいの方眼定規がおすすめ!

●目打ち
ドットボタンをつける穴をあけたり、ぬい合わせた布を、表に返したあと、角をおし出したりするときに使う。

> この本では角をおし出すとき、おはしを使うよ!

●型紙に使う紙
この本では厚紙を使う。ほかにも、画用紙、ハトロン紙、トレーシングペーパー、パターンシートなどがある。

> 使いやすい紙を選んでね!

●キルト芯
布をふっくらさせたいときや補強したいときなどに使うシート状のわた。

●両面テープ
布をはり合わせることができる、布用の両面テープを使う。

●チャコペン
布に型紙を写すときや、印をつけるときに使う。

> 時間がたつと、自然に消えるチャコペンが便利だよ!

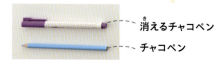
消えるチャコペン / チャコペン

- **仮止めクリップ**
布の仮止めに使う。

- **マスキングテープ**
布や型紙を固定するときなどに使う。

- **バレッタ金具**
髪をとめるための金具。

- **チェーン**
カニカンつきのものを使う。

カニカン

- **手芸ひも**
きんちゃくやバッグなどに使うひも。

- **ひも通し**
きんちゃくなどにひもを通すために使う道具。

- **ショルダーストラップ**
かたにかけるためのひも。バッグやスマートフォンケースなどにつなげて使う。ナスカンなどの金具がついたものが多く、取り外しができる。

ナスカン

- **合皮**
合成皮革のこと。フェイクレザーともいう。動物の皮から作られる天然の皮革ににせて作られている。

- **ループエンド**
きんちゃくなどのひもの先につける。ひもをほつれにくくし、かざりにもなる。

- **ドットボタン**
スナップボタンともいう。ヘッド、ゲンコ、バネという3つの形があり、ヘッドとゲンコ、ヘッドとバネの2つ1組でつける。この本ではワンタッチでつけられる、プラスチック製のものを使う。

ヘッド　ゲンコ　バネ

あると便利なもの

- **糸通し**
針の穴に、糸をかんたんに通すことができる道具。

- **アイロン台とアイロン**
しわがなくなり、仕上がりがきれいになる。かならず大人といっしょに使う。

アイロンを使うときの注意点

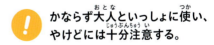

! かならず大人といっしょに使い、やけどには十分注意する。

1 平らなところにアイロン台とアイロンを準備する。
2 布の種類に合わせて温度を設定する。
3 そばをはなれるときや使い終わったときは、スイッチを切り、コンセントから差しこみプラグをぬく。ぬくときは、差しこみプラグを持ってぬく。
4 熱がさめてからしまう。

基本のぬい方

基本のぬい方をマスターしておくと、作業が進めやすいよ♪

ぬう前に知っておこう！

糸の長さ

むねから片うでをのばしたくらいの長さが使いやすい。

1本取り

1本の糸でぬうこと。布に針をさして糸を引くとき、針の穴から糸がぬけないように気をつける。

2本取り

2本の糸でぬうこと。じょうぶにぬいたいときなどに、2本取りにする。

ししゅう糸の場合
ししゅう糸は、細い糸が6本集まって太いたばになっているので、必要な本数をぬきとって針に通す。2～3本取りでぬうことが多いが、この本ではそのまま（6本取り）使う。

玉結び
糸のはしを結ぶことで、糸が布からぬけないようにする結び目のこと。

1
針の穴に糸を通したら、糸のはしを、針と指ではさむ。

2
糸を2～3回、針に巻きつける。

3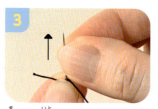
巻いた糸をしっかりとおさえて、針を引きぬく。

4
糸をおさえたまま、糸の玉ができるまで下へ引っぱる。

玉どめ
ぬい終わったとき、糸が布からぬけないようにする結び目のこと。布の裏側や目立たないところに作る。

1
ぬい終わったところを写真のように、針の先で小さくすくう。

2
針の先に、糸を2～3回、巻きつける。

3
糸を巻きつけたところを、しっかりおさえて、針を引きぬく。

4
糸の玉を切らないように、糸のはしを少し残して切る。

ぬい方

マスキングテープをはり、テープにそってぬったり、チャコペンでかいた線にそってぬったりして練習をしてみてね!

なみぬい
ランニングステッチともいう。手ぬいの基本のぬい方。

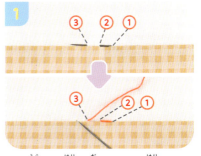

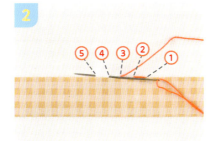

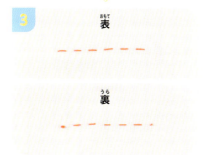

1 ①に裏から針を出し、②に針をさしたら、1目分と同じ幅で③から針を出して糸を引き出す。

2 ①と同じようにして、③から出した針を④にさして、⑤から針を出したら糸を引き出す。

3 ①②と同じ動作をくり返すと、1目の幅とすきまの幅が同じぬい目ができる。

本返しぬい
バックステッチともいう。強度が高い。

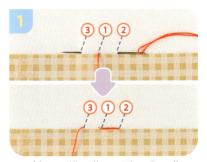

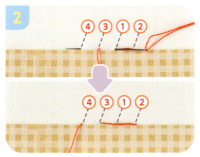

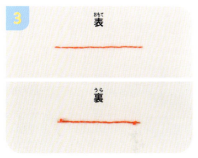

1 ①に裏から針を出して糸を引き出す。1目分もどって②に針をさし、2目分先の③から針を出して糸を引き出す。

2 ③から1目分もどって①に針をさし、2目分先の④から針を出す。

3 ①②と同じ動作をくり返すと、すきまのないぬい目ができる。

巻きかがりぬい
布のはしを糸で巻くようにぬい合わせる。布のはしを始末したり、かざりにしたりもする。

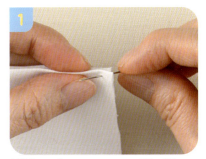

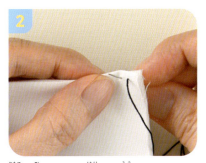

1 玉結びが見えないよう、2枚を重ねた布の内側から針をさす。

2 表に引きぬいた針を、裏からさす。

3 1目の長さをそろえて、②と同じ動作をくり返し、内側で玉どめをする。

材料や道具の使い方

はさみの使い方

> ふくとき、けがをしないように十分注意してね。

●切る
はさみを、切るものに対して垂直に立てて、刃をねかせないようにしながら、刃のおくをしっかり使って切る。

●曲がった部分を切る
はさみを動かさず、切るもののほうを動かして切る。

●切ったあと
テープやのりがついたところを切ったあとは、ウエットティッシュでふき取る。

型紙の見方

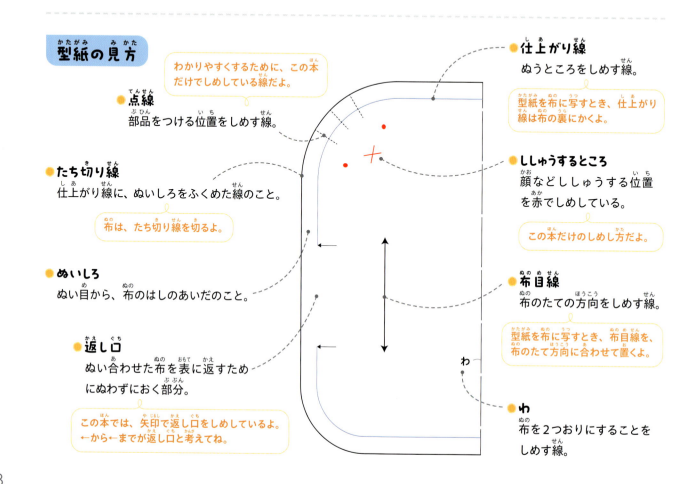

> わかりやすくするために、この本だけでしめしている線だよ。

●点線
部品をつける位置をしめす線。

●たち切り線
仕上がり線に、ぬいしろをふくめた線のこと。

> 布は、たち切り線を切るよ。

●ぬいしろ
ぬい目から、布のはしのあいだのこと。

●返し口
ぬい合わせた布を表に返すためにぬわずにおく部分。

> この本では、矢印で返し口をしめしているよ。←から←までが返し口と考えてね。

●仕上がり線
ぬうところをしめす線。

> 型紙を布に写すとき、仕上がり線は布の裏にかくよ。

●ししゅうするところ
顔などししゅうする位置を赤でしめしている。

> この本だけのしめし方だよ。

●布目線
布のたての方向をしめす線。

> 型紙を布に写すとき、布目線を、布のたて方向に合わせて置くよ。

●わ
布を2つおりにすることをしめす線。

型紙の作り方

コピーした型紙で、たち切り線と、仕上がり線の2枚の型紙が作れるよ。

1 コピーした型紙を厚紙にマスキングテープではりつける。

2 たち切り線にそって切る。

マスキングテープは、はり直しながら切ってね。

3 たち切り線の型紙ができる。コピーのほうの型紙にある布目線をペンなどでかいておく。

4 コピーのほうの型紙を、別の厚紙にはり、仕上がり線にそって切る。仕上がり線の型紙ができる。

布のたてと横の見分け方

耳がない布もあるよ。

引っぱる
たて糸と横糸を織って作る布は、たて方向にのびにくく、横方向にのびやすいという特徴がある。布を切るときは布目線をたて方向に合わせるのが基本。

耳を見る
布の両はしには「耳」という部分があり、布がほつれたりのびちぢみしたりするのをふせいでいる。耳と水平方向がたて、垂直方向が横。

型紙の使い方

部品をつける位置や返し口など、必要な印をつけておくといいよ。

1 布の裏に、たち切り線の型紙を、布目線と布のたて方向をそろえて置き、型紙にそって、チャコペンで線をかく。

2 仕上がり線の型紙を置き、❶と同じようにして、型紙にそって、チャコペンで線をかく。

布の合わせ方

中表で合わせる
2枚の布の表を内側にして重ねる。

外表で合わせる
2枚の布の裏を内側にして重ねる。

「わ」のある型紙の使い方

型紙が左右対称になるように反転させて、反対側にも線をかいてね。

仮止めクリップではしをとめておくとずれないよ。

1 布を中表にしておる。

2 型紙の「わ」のところを、布をおって輪になっている部分にぴったり合わせて置き、型紙にそって、チャコペンで線をかく。

9

ししゅうリボンの バレッタ

作業時間 **10分**

レベル ★

切って、はって、あっというまに作れるバレッタだよ。
すてきなししゅうリボンで作ってね!

材料・道具

- フリルテープ…2本（1本の長さは、バレッタ金具の長さに2cmほど足した長さ）
- リボン…ししゅうリボン1本（バレッタ金具の2倍の長さに2cmほど足した長さ）、サテンリボン1本（幅1cm、長さ約5cm）
- 糸…手ぬい糸
- バレッタ金具
- 両面テープ…布用（幅1cm）
- はさみ
- 定規

作り方

1

フリルテープ2本とししゅうリボン1本を用意する。

2

フリルテープの裏側の両はし1cmに、両面テープをはり内側におる。残りの1本も同じようにする。

3

> フリルテープの表が上になるようにはるよ。

バレッタ金具に両面テープをはり、フリルテープ2本を、写真のようにバレッタ金具の上下にはりつける。

4

ししゅうリボンのはしに両面テープをはり、両はし1cmを重ねてはり合わせて輪にする。

5

> 巻きにくいときは、せんたくばさみでとめたり、ほかの人におさえてもらったりしてね。

❹のつぎ目を真ん中にして、平らにつぶす。リボンの形になるようにつまみ、つまんだところを糸で3回ほど巻く。

6

糸をきつく固結びしたら余分な糸を切り、リボンのつぎ目を裏側にして形を整える。

7

サテンリボン

サテンリボンの裏に、両面テープを5cmはり、❻の真ん中に巻きつけて、裏側で余分なサテンリボンを切る。

8

❸のフリルテープの真ん中に、両面テープをはり、❼をはりつける。

できた！

ししゅうリボンのバレッタのできあがり！

てぬぐいコースター

表だけじゃなく、裏もかわいいリバーシブルのコースター。
てぬぐいを使うから吸水性もばつぐんだよ！

作業時間
20分

レベル ★

材料・道具

- 布…てぬぐい2枚（布1、布2）、レース（幅約4.5cm、長さ12cm）
- 糸…手ぬい糸
- 針…手ぬい針
- チャコペン
- はさみ
- 接着剤…布用
- はし
- 定規

作り方

1

布1（表面になる）　布2（裏面になる）

2枚の布を、それぞれ1辺12cmの正方形に切る。

2

6cm

布1の裏に、仕上がり線をはしから1cm内側にかく。返し口は、写真のように6cmあけておく。

3
接着剤は、仕上がり線にかからないよう、はしに5mmくらいの幅でぬってね。

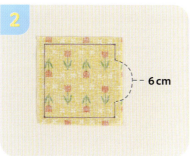

❷の表の、返し口と反対側に、接着剤でレースをはりつける。

4
なみぬいは、細かくぬってね。返し口はぬわないよ。

布2に、中表で❸の布1を重ね、1本取りの糸を使って、なみぬいで仕上がり線をぬう。

5
ぬった糸を切らないよう気をつけてね。

返し口以外をぬったら玉どめをして、4つの角をはさみで切る。

6

返し口から表に返す。

7
アイロンを使うとかんたんに形が整えられるよ。アイロンは、かならず大人といっしょにね。

はしの先を使って、4つの角をしっかりとおし出してから、返し口のぬいしろを中におりこみ、形を整える。

8
17ページの玉どめのかくし方を見て、玉どめが見えないようにしてね。

1本取りの糸を使って返し口を巻きかがりぬいでぬい、玉どめをする。

できた！

てぬぐいコースターのできあがり！

動物のハンカチ

動物の耳や顔がとってもかわいいハンカチだよ。
使うのが楽しみになるね！

作業時間
40分

レベル ★

ウサギ
材料・道具

- 型紙…36ページ
- 布…タオル生地（布1、うすいフェイスタオルなどがおすすめ）、ガーゼ生地（布2）、あらえるフェルト（耳）
- 糸…手ぬい糸、ししゅう糸（顔）
- 針…手ぬい針、ししゅう針
- チャコペン
- 仮止めクリップ
- はさみ
- 接着剤…布用
- はし
- 定規

作り方

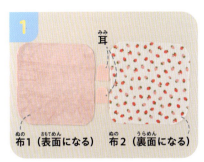

1 型紙を使って必要な部品を用意し、仕上がり線をかいておく。

顔の位置は型紙を参考にしてね。

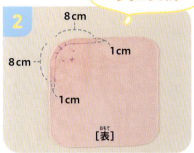

2 布1の表に、型紙を使って写真のように、線と耳をつける位置や顔をかく。

3 6本取りのししゅう糸を使って、目は玉どめ、口はばってんになるようにぬい、裏で玉どめをする。

4 右の「耳の作り方とつけ方」を参考にして、耳を作り、**3**にはりつける。

耳の上はハンカチの丸みにそうようにぬってね。
玉結びと玉どめはどちらも、布の裏に作るよ。

5 1本取りの手ぬい糸を使って、線をなみぬいでぬい、耳をぬいつける。

耳の作り方とつけ方

1 耳の部品の下から約1cmのところに接着剤をつけ、左右を真ん中に向かっておる。

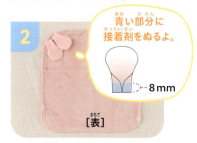

青い部分に接着剤をぬるよ。

2 **1**の下から8mmのところに接着剤をつけ、裏返して「耳つけ位置」にはりつける。しっかりかわくまで仮止めクリップでとめておくとよい。

6 布2に、中表で**5**を重ねる。

布のはしを、仮止めクリップでとめると、ぬいやすいよ。
返し口はぬわないでね。

7 仕上がり線を、1本取りの手ぬい糸を使って、なみぬいでぬい、玉どめをする。

※わかりやすくするために、赤い糸を使っています。実際は目立たない色の糸を使ってください。

次の17ページの玉どめのかくし方を見て、玉どめが見えないようにしてね。

できた！

返し口から表に返したら、はしの先で4つの角をおし出し、形を整える。

1本取りの手ぬい糸を使って、返し口を巻きかがりぬいでぬい、玉どめをする。

きれいにラッピングしたらかわいいプレゼントになるよ！

ハンカチのラッピングの仕方

とうめいのふくろとマスキングテープとリボンを使って、きれいにラッピングしよう！

1. 左下のはしをおる。

2. 半分におる。

3. 後ろに半分におる。

4. とうめいのふくろに入れる。

5. 裏返して、マスキングテープでとめる。

6. 表にリボンをかざる。

Arrange アレンジでへんしん！ クマ・ネコ・ヒヨコ

> 36〜37ページの型紙を使って、ほかの動物のハンカチも作ってみよう！

ヒヨコ
くちばしは、動物の耳と同じフェルトだよ。接着剤ではってから、口を写真のようにししゅう糸でぬってね。

クマ
右の図のように鼻は、ぬい目が平行にならぶように針をさすよ。

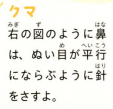

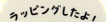

ネコ
耳は、右の図のように中心に向かって片方だけおって接着剤ではるよ。

玉どめのかくし方

1 玉どめをしたら、ぬい合わせた布と布のあいだに針を入れ、そのまま1〜2cmはなれたところに針を出す。

2 少し糸を引っぱってから、はさみで糸を切る。

17

ウサギのチャーム

やわらかくふわふわな、てのひらサイズのチャームだよ。
いつでもどこでもいっしょにお出かけできるね！

作業時間
1時間

レベル ★★

材料・道具

型紙…34ページ　布…ぬいぐるみ用生地（布1・2）、フェルト（耳）　キルト芯　リボン…サテンリボン1本（幅3mm、長さ約5cm）　わた　チェーン…カニカンつきのもの　糸…手ぬい糸、ししゅう糸（顔）　針…手ぬい針、ししゅう針　チャコペン　仮止めクリップ　はさみ　接着剤…布用　定規

作り方

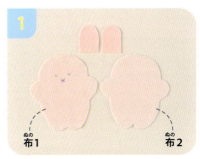

1　型紙を使って必要な部品を用意し、仕上がり線や顔をかいておく。

2　ウサギの顔をぬう準備だよ。
布1の裏に、たて3cm、横4cmに切ったキルト芯を置く。

3　裏のキルト芯を指でおさえながらぬうよ。
6本取りのししゅう糸を使って、❷に、口（ばってん）と、目（玉どめ）をキルト芯ごとぬいつける。

4　15ページの耳の作り方とつけ方を見てね！
耳を作り、❸の頭の中心を少しあけて左右に接着剤ではりつける。かわくまで仮止めクリップでとめておく。

5　リボンの輪のつぎ目が頭のてっぺんにくるようにはってね。
リボンのはしを接着剤ではって輪にしたら、耳のあいだにはりつける。

6　❺の上に布2を、中表にして重ねる。

7　なみぬいは、細かくぬってね。返し口はぬわないよ。
1本取りの手ぬい糸を使って、なみぬいで仕上がり線をぬい、玉どめをする。

8　ぬったところを切らないように気をつけて切りこみを入れてね！
右の図の赤線のところに、切りこみを入れる。

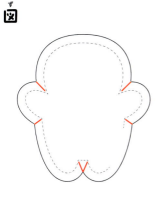

図

※わかりやすくするために、赤い糸を使っています。実際は目立たない色の糸を使ってください。

9 返し口から表に返す。

💬 手足のところは、わたを小さく丸めて、指でおしこんだり、おはしを使ったりすると入れやすいよ。

10 返し口からわたをつめる。

💬 17ページの玉どめのかくし方を見て、玉どめが見えないようにしてね。

11 1本取りの手ぬい糸を使って、返し口を巻きかがりぬいでぬい、玉どめをする。

12 5でつけたリボンにチェーンを通す。

できた！

チェーンをつなげたらできあがり！

アレンジでへんしん！ おしゃれウサギのチャーム

💬 とってもかんたんに作れるよ！

材料・道具
- ウサギのチャームと同じ
- フリルテープ…1本（幅約3cm、長さ約15cm）
- リボン…サテンリボン1本（幅約3mm、長さ約40cm）
- 合皮…ネームタグに使う。なければ、ネームテープなどでもよい
- かざり…ビーズなど（タグにつける）。小さいポンポン（ケープのリボンの先につける。なくてもよい）
- シール…名前のアルファベットのシール。ビーズをぬいつけてもよい

💬 ケープを作るよ！

1 フリルテープの裏の両はし1cmに接着剤をつけておる。

2 1を表に返し、上から5〜7mmのところに接着剤をつけ、リボンをはる。

3 リボンの先に、ポンポンなど好きなかざりを、手ぬい糸でぬいつける。

4 ❸をウサギに着せて、リボンをちょうちょ結びにする。

ネームタグを作るよ！

5 たて3cm、横18cmに切った合皮を、写真のように両はしを半分におり、おり目からななめに切る。

6 ❺の合皮を半分におり、「わ」の真ん中から1.5cmのところに、印をつける。

7 ❻でつけた印のところに、1本取りの手ぬい糸を使って、ビーズなどのかざりをぬいつける。

8 シールなどで名前をつける。

9 チェーンをネームタグに通す。

できた！

チェーンをリボンにつなげたらできあがり！

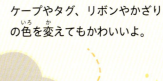

ケープやタグ、リボンやかざりの色を変えてもかわいいよ。

材料・道具

- 型紙…34〜35ページ
- 布…シーチング生地2種類（布1・2と耳の外側）、コットンレース（耳の内側）
- キルト芯
- ショルダーストラップ
- リボン…サテンリボン2本（幅12mm、1本の長さ4cm）
- 糸…手ぬい糸、ししゅう糸（顔）
- 針…手ぬい針、ししゅう針
- チャコペン
- 仮止めクリップ
- はさみ
- 接着剤…布用
- 両面テープ…布用（幅5mm）
- はし
- 定規

作り方

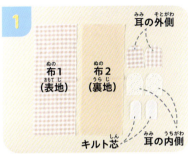

1 型紙を使って必要な部品を用意し、仕上がり線をかいておく。

> 布1の表に型紙を参考にして、耳やリボンつけ位置と顔をチャコペンでかいてからぬうよ。

2 6本取りのししゅう糸を使って、布1の表に、口（ばってん）と、目（玉どめ）をぬう。

3 耳の外側と耳の内側になる布を、中表にして重ねる。

> 顔以外はすべて1本取りの手ぬい糸を使うよ。

4 仕上がり線を1本取りの手ぬい糸を使って、なみぬいでぬう。もう1つの耳も同じようにぬう。

5 表に返す。

6 キルト芯を耳の中に入れる。もう1つの耳にも同じように入れる。

> 15ページの耳の作り方とつけ方を見てね。

7 ❷でかいた耳つけ位置に、写真のように耳を接着剤ではる。かわくまで仮止めクリップでとめておく。

> リボンは、ショルダーストラップをつなげるから、金具の大きさに合わせて、リボンの長さを調節してね。

8 4cmに切ったリボンの、はしから4mmのところに、接着剤をつけて輪にする。同じものをもう1つ作る。

> リボンのつぎ目は、たち切り線に合わせるよ。

9 ❽のリボンのつぎ目から4mmに接着剤をつけ、❷でかいたリボンつけ位置にはる。

※顔以外、わかりやすくするために、黒い糸を使っています。実際は目立たない色の糸を使ってください。

💬 リボンにはショルダーストラップをつけるから、よりじょうぶにするためにぬうよ。

10 リボンの外側のはしから5mmのところ（接着剤がついている部分の1mm内側）を、なみぬいでぬう。

11 ⑩の上に、裏地にする布2を中表で重ねる。

💬 写真のように、はしからはしまでぬうよ。

12 ⑪の上下の仕上がり線とぬいしろ部分を、なみぬいでぬいきる。

13 なみぬいのぬい目が、真ん中にくるように布の輪を下の図のようにずらす。

💬 はしまで両面テープをはってしまうと、仕上がり線をぬうとき、針に両面テープがくっついてぬいにくいよ。

14 布2のぬいしろを、両はし12mm残して、両面テープで布2にはる。

💬 布1・2のぬいしろを真ん中から上下に広げてはると、左下の図のようになるよ。

15 布1のぬいしろも両はし12mmを残して両面テープで布1にはる。

図　布1・2のぬいしろを、上下に広げてそれぞれの布にはる。反対側のぬいしろも同じように、広げてはる。

💬 ずれないよう仮止めクリップでとめておこう！ 返し口はぬわないでね。

16 仕上がり線を、なみぬいでぬう。

17 返し口から表に返す。

> アイロンを使う場合は、かならず大人といっしょにね。

18 はしを使って、4つの角をおし出したら、返し口のぬいしろをおりこんで、巻きかがりぬいでぬい、玉どめをする。

19 裏地になる布2を、布1の内側におしこむ。

20 左右のリボンに、ショルダーストラップをつける。

できた！

お出かけが楽しみになるね！

ショルダーストラップを変えるだけで印象を変えられるよ！

アレンジでへんしん！ レースつきウサ耳ポシェット

> レースをつけるだけで大人かわいくへんしん！

24ページの⑪で、布2を重ねる前に、布1の表に接着剤で、長さ15cmに切ったレースをはりつけておくと、レースつきのウサ耳ポシェットになるよ！

かいじゅうのペンケース

作業時間
1時間30分

レベル ★★

あいきょうたっぷりのかいじゅうのペンケース。お気に入りの文房具を入れてね！

材料・道具

- 型紙…38ページ
- 布…シーチング生地2種類(布1・2と頭部1)
- キルト芯(頭部2と作り方❸)
- 合皮…はぎれでよい(ひれときば)
- ドットボタン…ワンタッチ式のプラスチック製のもの。ヘッド4個、ゲンコ・バネ各2個
- 糸…手ぬい糸
- 針…手ぬい針
- チャコペン
- 仮止めクリップ
- はさみ
- 両面テープ…布用(幅1cm)
- 接着剤…布用
- はし
- 目打ち
- 定規
- カッターマット

作り方

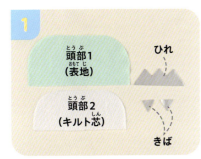

1. 型紙を使って必要な部品を用意する。

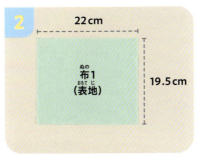

2. 写真のサイズに布を切り、布1を用意する。

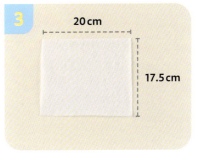

3. 写真のサイズにキルト芯を切る。

> 仕上がり線は、はしから1cm内側にかくよ！返し口は5cmあけておいてね。

4. 写真のサイズに布を切り、布2を用意する。2つの角は頭部の型紙を使って丸く切り、仕上がり線をかく。

5. ❶の頭部1と布1の裏に、はしから1cmより少し内側に両面テープをはる。

6. 頭部1と布1の真ん中に❶の頭部2と❸のキルト芯をはりつける。

> ひれの表に接着剤(ピンクのところ)を3mmぬって、写真のように中表ではるよ。

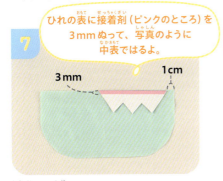

7. 頭部1の右はしから1cmのところに、中表でひれを接着剤ではりつける。

8. キルト芯をはった❻の布1と❼の頭部1を、写真のように中表で重ねる。

> かいじゅうのペンケースはすべて1本取りの糸でぬうよ。

9. キルト芯のすぐ上(布のはしから1cm下)を、はしからはしまで1本取りの糸を使って、なみぬいでぬう。

※わかりやすくするために、黒い糸を使っています。実際は目立たない色の糸を使ってください。

💬 アイロンを使うとかんたんだよ。大人といっしょに使ってね。

10 ❾を写真のように広げ、布1と頭部1のぬいしろを、下向きにたおす。

💬 きばをはる位置は、型紙を参考にしてね。❼と同じように接着剤（ピンクのところ）は、きばの表のはし3mmにぬるよ。

11 ❿を表に返し、きばの表のはしに接着剤をつけてから、頭部1に中表ではる。

12 ⓫と❹の布2を中表で重ねる。

💬 ぬうのは右の図の点線のところだよ。

13 三角の印のところの仕上がり線とぬいしろ部分を、はしからはしまで、なみぬいでぬいきる。

💬 角の丸い部分は、細かいなみぬいでぬうと、仕上がりがきれいになるよ。返し口はぬわないよ。

14 下の図のようにおったら、仮止めクリップでとめ、仕上がり線を、なみぬいでぬう。

15 左右の丸い角の部分のぬいしろを、3mm残して切り落としたら、返し口から表に返す。

図

1 広げてから、真ん中のぬい目（三角の印のところ）で外表におる。

2 ピンクの三角の印のぬい目を❶の三角の印に合わせて、おる。

3 ❷の上部（布2）も反対側におる。横から見ると上の写真のようになる。

4 ❸をひっくり返して、返し口が上にくるように置く。

28

はしで2つの角をおし出して、形を整えたら、返し口のぬいしろを中におりこむ。

> 17ページの玉どめのかくし方を見て、玉どめが見えないようにしてね。

巻きかがりぬいで返し口をぬい、玉どめをする。

> 目をつける位置は、型紙を参考にしてね。

頭部の目をつける位置に、チャコペンで印をつける。

> 机がきずつかないよう、カッターマットなどをしいてね。

目打ちで印のところに穴をあける。

> かたくてはめられないときは、ペンやえんぴつの頭でおしてね。

ドットボタンのヘッドを⑲の穴に差しこんだら裏返して、ヘッドのとっきにゲンコをはめる。もう1つも同じようにつける。

> 穴は頭部のゲンコと位置が合うことを確認してからあけてね。

布1のほうにも印をつける。

> ドットボタンをつけるところ以外に穴をあけないよう、中に厚紙などを入れてから目打ちを使うと安心だよ。

目打ちで穴をあける。

ドットボタンのヘッドを㉒の穴に裏側から差しこみ、ヘッドのとっきにバネをはめる。もう1つも同じようにつける。

\ できた！ /

頭部と布1のドットボタンをとめたらできあがり！

クマのきんちゃく

クマのぬいぐるみみたいなきんちゃくだよ。
手ざわりのいい布で作ってみよう♪

作業時間
1時間45分

レベル ★★★

材料・道具

- 型紙…39ページ
- 布…タオル生地（布1・2と耳）、シーチング生地（布3・4）、ぬいぐるみ用生地（鼻まわり1・2）
- わた
- 手芸ひも…2本（太さ5mm、1本の長さ56cm）
- ループエンド…2個
- ドットボタン…ワンタッチ式のプラスチック製のもの。ヘッド1個、ゲンコまたはバネ1個（鼻に使う。フェルトを丸く切り代用してもよい）
- ぬいぐるみ用の目玉ボタン…2個
- 糸…手ぬい糸
- 針…手ぬい針
- チャコペン
- ひも通し
- 仮止めクリップ
- はさみ
- 両面テープ…布用（幅5mm）
- マスキングテープ
- 目打ち
- 定規
- カッターマット

作り方

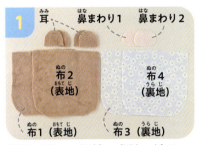

1 型紙を使って必要な部品を用意し、仕上がり線をかいておく。

2 耳のパーツを中表で重ね、仮止めクリップで固定する。

> クマのきんちゃくはすべて1本取りの糸でぬうよ。

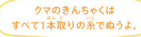

3 仕上がり線を1本取りの糸を使って、なみぬいでぬう。

4 表に返す。同じようにもう1つ耳を作る。

> 鼻をつける位置は型紙を参考にしてね。目打ちは29ページと同じように使うよ。

5 鼻まわり1の、鼻つけ位置に、印をつけて目打ちで穴をあけ、表からドットボタンのヘッドを差しこむ。

> はめるのはバネでもいいよ。

6 ❺の裏からドットボタンのヘッドのとっきにゲンコをはめる。

7 ❻と鼻まわり2を中表で重ねる。

> 返し口はぬわないよ。

8 仕上がり線を、本返しぬいでぬう。

9 返し口から表に返して、わたをつめる。

※わかりやすくするために、黒い糸を使っています。実際は目立たない色の糸を使ってください。

💬 17ページの玉どめのかくし方を見て、玉どめが見えないようにしてね。

10 巻きかがりぬいで返し口をぬい、玉どめをする。

11 型紙のクマの顔を参考にして、布1の表に、両面テープで⑩を固定する。

💬 たてまつりぬいは右の図のようにぬうよ。

12 布1に、鼻まわりをたてまつりぬいでぬいつける。

13 型紙のクマの顔を参考にして、布1に、ぬいぐるみ用の目玉ボタンをぬいつける。

💬 写真のようにマスキングテープで固定するとぬいやすいよ。

14 両耳を図1の位置に置き、たち切り線から1cm内側をなみぬいでぬい、玉どめをする。

 図1

7.5cm

1cm

15 布1に、中表で布3を重ね、上から1cmのところに線をかく。

💬 布がずれないよう、仮止めクリップでとめてね。

16 ⑮の線にそってなみぬいでぬう。

💬 アイロンを使うとかんたんだよ。大人といっしょに使ってね。

17 写真のように⑯を広げてから、真ん中のぬいしろを上下に広げる。

18 残りの布2と布4を⑮〜⑰と同じように作る。

19 ⑰と⑱を中表で重ねて、ずれないよう仮止めクリップで4か所ほどとめる。

💬 図2の赤線のところは、ひもを通す穴になるから、ぬわないように気をつけてね。

20 返し口と図2の赤線部分以外を、仕上がり線にそってなみぬいでぬう。

図2

返し口と、赤線でしめす真ん中から2cm（ひもを通す穴）はぬわない。
表と裏それぞれの青の部分（計4か所）に、両面テープをはる。

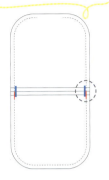

丸い点線部分の拡大図だよ。

21 図2のように両面テープをはり、ぬいしろをおってはる。残りの3か所も同じようにはる。

22 返し口から表に返す。

23 巻きかがりぬいで返し口をぬい、玉どめをする。

24 裏地のシーチング生地を、表地のタオル生地の中に、おしこむようにして重ねる。

マスキングテープを、ぬう位置より少し下にはっておくと、まっすぐぬえるよ。

25 上から2cm（図3の点線部分）のところを、細かいなみぬいでぬって、ひもを通すところを作る。

26 ひも通しを使って、図3のように手芸ひもを通す。

図3

27 26とは反対の穴からもう1本の手芸ひもを通す。

28 両方の手芸ひもを両手で持ち、左右から同じ強さで引っぱる。

手芸ひもは、ループエンドの小さいほうの穴から、大きいほうの穴へ向かって通すよ！

29 ループエンドに、2本まとめて手芸ひもを通し、外れないように結び目を作る。ループエンドを下げて結び目をかくす。

できた！

もう片方にもループエンドをつけたらできあがり！

型紙

この本で紹介している作品の型紙だよ！ 8ページの型紙の見方を見てから型紙を作ってね！
青い線は仕上がり線。赤い部分はししゅうするところ。枚数は型紙を使って用意する布の数だよ。

● ウサギのチャーム （18ページ）

布1・2
布1を1枚（仕上がり線はかかなくてよい。表に顔をかく）、布2を1枚（仕上がり線をかく）

耳 2枚

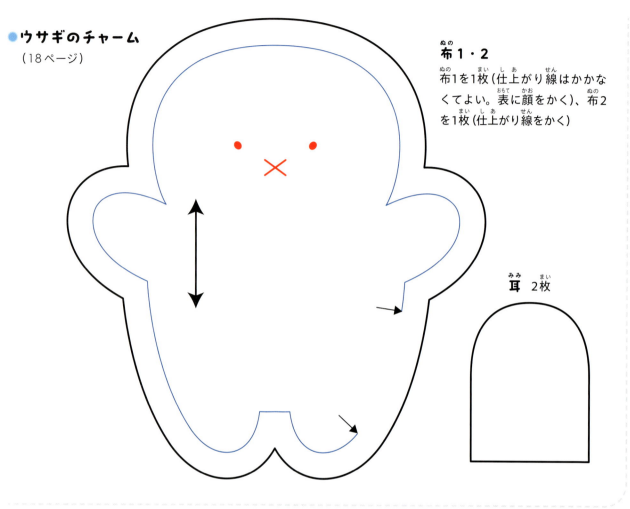

● ウサ耳ポシェット （22ページ）

耳
シーチング生地2枚（仕上がり線をかく）、コットンレース2枚（仕上がり線はかかなくてよい）

キルト芯 2枚

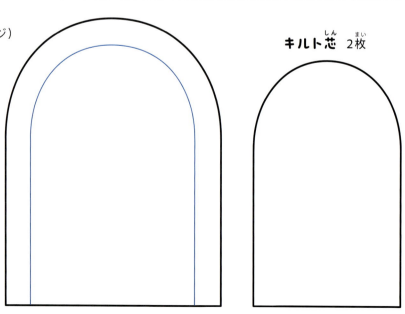

> この型紙は作品の上半分だよ。9ページの「わ」のある型紙の使い方を見てね。
> たち切り線や仕上がり線をかくときは、上下対称に反転（37ページ）して使ってね。

布1・2

布1を1枚（仕上がり線をかく。返し口はかかない。顔と耳つけ位置やリボンつけ位置は表にかく）、布2を1枚（仕上がり線をかく）

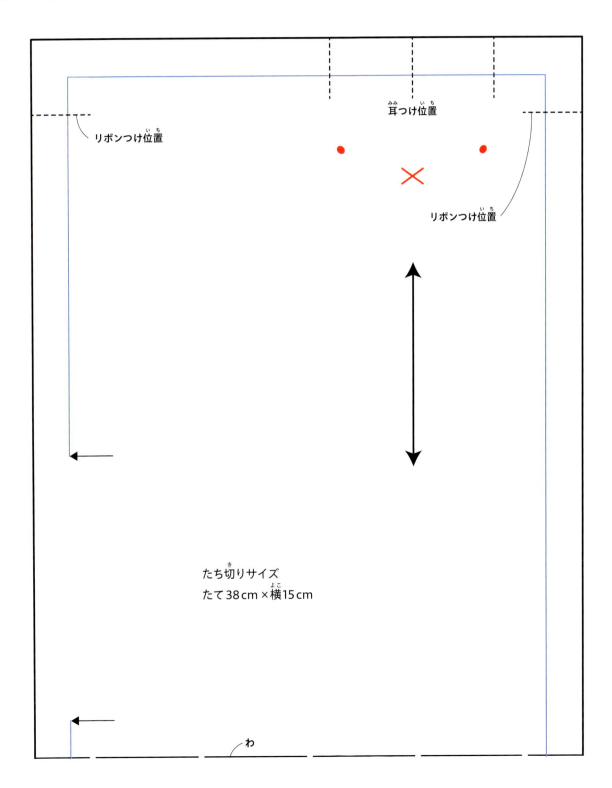

耳つけ位置
リボンつけ位置
リボンつけ位置
たち切りサイズ
たて38cm×横15cm
わ

●動物のハンカチ （14ページ）

布1・2　布1を1枚（仕上がり線をかく）、布2を1枚（仕上がり線はかかなくてよい）

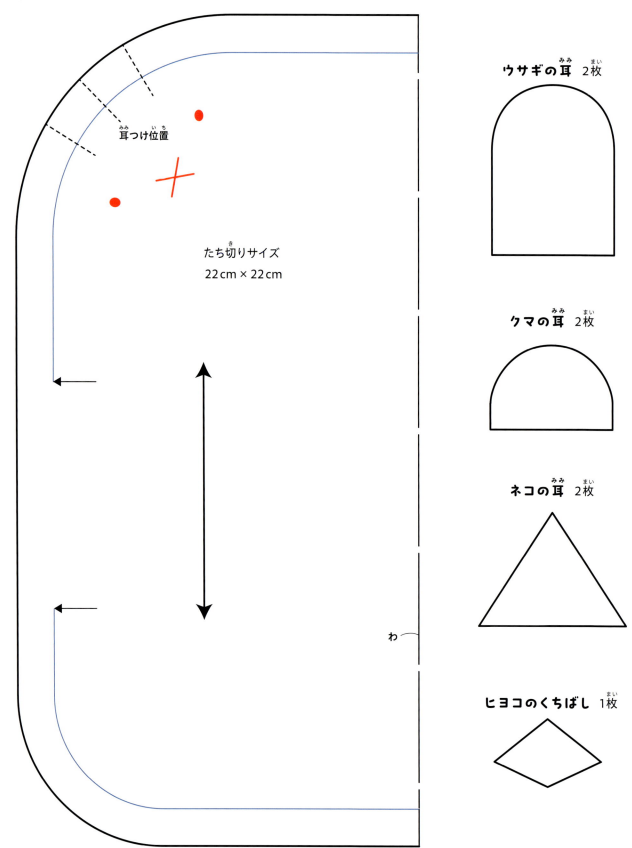

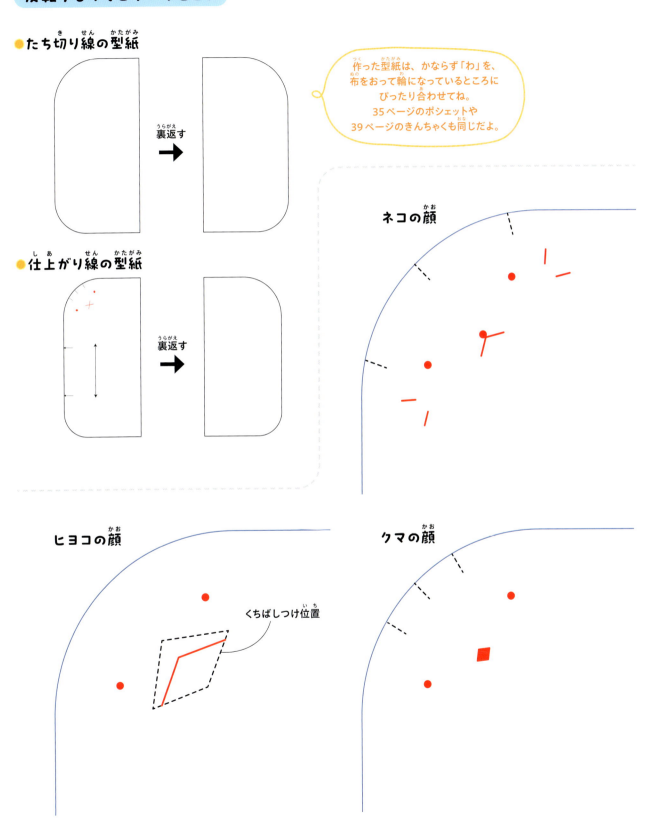

かいじゅうのペンケース（26ページ）

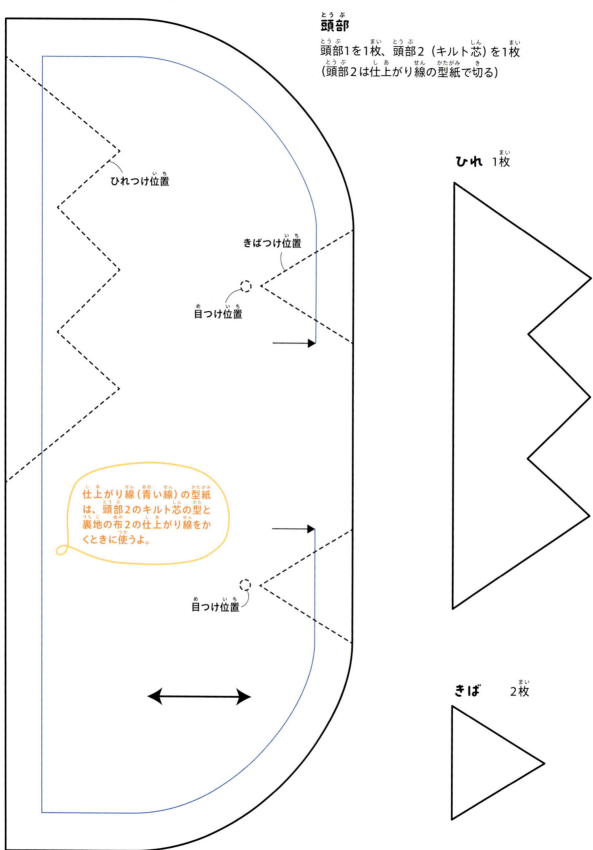

●クマのきんちゃく（30ページ）

この型紙は作品の左半分だよ。9ページの「わ」のある型紙の使い方を見てね。たち切り線や仕上がり線をかくときは、左右対称に反転（37ページ）して使ってね。

耳
4枚（2枚に仕上がり線をかく。表裏かきやすいほうでよい）

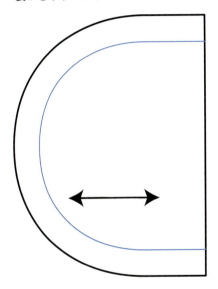

鼻まわり
2枚（1枚に仕上がり線をかく）

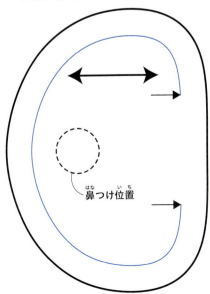

布1〜4
布1・2を各1枚（布2にのみ仕上がり線をかく。返し口はかかない）、布3・4を各1枚（布4にのみ仕上がり線をかく）

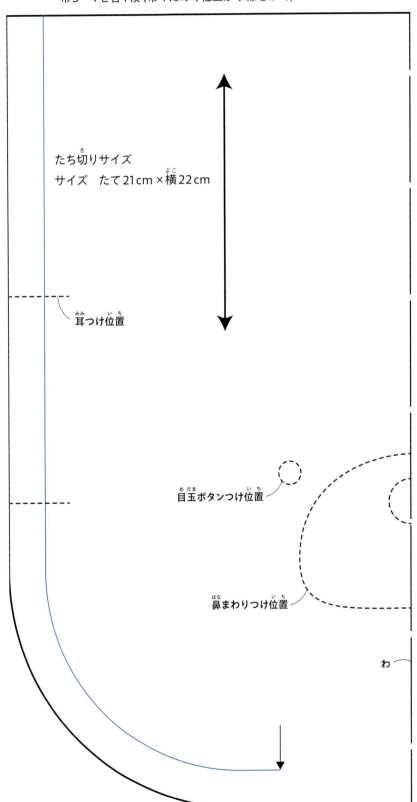

たち切りサイズ
サイズ　たて21cm×横22cm

作家

⭐ mana（マナ）

手芸作家。キッズアパレルデザイナーとして活動後、手芸スタジオ「アトリエキューン」を立ち上げる。心をキューンとさせる作品づくりをモットーにしてネットショップを中心に、ハンドメイドイベントへの出展も行なっている。『COTTON TIME』（主婦と生活社）、『小鳥のキモチ』（Gakken）、『鳥ぐらし』（東京書店）、『co-opステーション』（生活協同組合コープこうべ）に作品掲載するなど幅広く活動中。

編集・制作	株式会社アルバ	デザイン	株式会社ミル
写真撮影	林 均	DTP	Studio Porto
スタイリング	みつまともこ	イラスト	能勢明日香・門司美恵子
型紙制作	株式会社ウエイド 田村浩子	校正・校閲	株式会社ぷれす

かわいい！がいっぱい
100円ショップで はじめての手芸
③ 布でつくる

発行	2025年4月　第1刷
発行者	加藤裕樹
編集	小林真理菜
発行所	株式会社ポプラ社 〒141-8210　東京都品川区西五反田3-5-8　JR目黒MARCビル12階 ホームページ　www.poplar.co.jp（ポプラ社）／ kodomottolab.poplar.co.jp（こどもっとラボ）
印刷・製本	株式会社C&Cプリンティングジャパン

あそびをもっと、まなびをもっと。
こどもっとラボ

©POPLAR Publishing Co.,Ltd. 2025　Printed in China
ISBN978-4-591-18419-6/N.D.C.594/39P/27cm

乱丁・落丁本はお取り替えいたします。ホームページ（www.poplar.co.jp）のお問い合わせ一覧よりご連絡ください。／本書のコピー、スキャン、デジタル化等の無断複製は著作権法上での例外を除き禁じられています。また、本書の作品及び型紙は個人的に楽しむ場合を除き、製作・販売することは著作権法で禁じられています。／本書を代行業者等の第三者に依頼してスキャンやデジタル化することは、たとえ個人や家庭内での利用であっても著作権法上認められておりません。

P7257003

かわいい！がいっぱい

100円ショップで はじめての手芸

全5巻

1 フェルト・羊毛フェルトでつくる
2 ビーズ・プラバン・レジンでつくる
3 布でつくる
4 ねんどでつくる
5 ゆびあみでつくる

N.D.C.594

- 小学校中学年以上向き
- A4変型判
- 各39ページ
- オールカラー
- 図書館用特別堅牢製本図書

ポプラ社はチャイルドラインを応援しています

18さいまでの子どもがかけるでんわ
チャイルドライン®
0120-99-7777
毎日午後4時～午後9時 ※12/29〜1/3はお休み
電話代はかかりません 携帯（スマホ）OK
チャット相談はこちらから